100
faszinierende Tatsachen
DINOSAURIER

100

faszinierende Tatsachen

DINOSAURIER

Steve Parker

Berater: Dr. Jim Flegg

Übersetzt von Wiebke Krabbe

DANKSAGUNG

Der Herausgeber dankt den folgenden Künstlern für ihre Mitarbeit
an diesem Buch:

Chris Buzer / Studio Galante

Jim Channell

Flammetta Dogi / Scientific Illust.

Chris Forsey

Mike Foster / Maltings Partnership

L. R. Galante / Studio Galante

Brooks Hagan / Studio Galante

Alan Hancocks

Stuart Lafford / Linden Artists

Kevin Maddison

Alan Male / Linden Artists

Janos Marffy

Alessandro Menchi / Studio Galante

Massimiliano Maugeri / Studio Galante

Francesco Spadoni / Studio Galante

Rudi Vizi

Steve Weston / Linden Artists

Mike White / Temple Rogers

Cartoons von Mark Davies / Mackerel

Inhalt

Die Welt der Dinosaurier

1 **Dinosaurier waren Tiere mit schuppiger Haut, die man Reptilien nennt.** Sie lebten vor vielen Millionen Jahren. Es gab viele verschiedene Arten: riesige und winzige, lange und kurze, gefährliche Jäger und friedliche Pflanzenfresser. Doch all diese Dinosaurier sind vor sehr langer Zeit ausgestorben.

Die Zeit der Dinosaurier

2 **Die Zeit der Dinosaurier nennt man das Mesozoikum.** Sie begann vor 230 Millionen Jahren und endete vor 65 Millionen Jahren. Dinosaurier gab es etwa 80 Mal länger, als wir Menschen auf der Erde leben.

Diese Zeittafel beginnt vor 286 Millionen Jahren, zu Beginn des Zeitalters Perm. Damals gab es die ersten Vorfahren der Dinosaurier. Sie endet mit dem Tertiär vor etwa 2 Millionen Jahren, als der Mensch sich zu entwickeln begann.

3 **Dinosaurier waren nicht die einzigen Tiere des Mesozoikums.** Es gab viele andere Arten, darunter Insekten, Fische, Eidechsen, Krokodile, gefiederte Vögel und pelzige Säugetiere.

4 **Es gab viele Dinosaurierarten in verschiedenen Größen.** Manche waren so klein wie deine Hand, andere so groß wie ein Haus.

Jobaria und Janenschia – riesige Pflanzenfresser

PALÄOZOIKUM	MESOZOIKUM	
PERM	**TRIAS**	**JURA**
Die Reptilien, darunter die Vorfahren der Dinosaurier, setzen sich gegenüber den Amphibien durch.	Die ersten echten Dinosaurier tauchen auf. Es sind kleine, zweibeinige Fleischfresser und größere Pflanzenfresser.	Zu dieser Zeit gibt es viele verschiedene Dinosaurier, wie etwa den gewaltigen Pflanzenfresser Barosaurus.

Erythrosuchus

Thrinaxodon

Roijasaurus

Plateosaurus

Barosaurus

Heterodontosaurus

Apatosaurus

VOR MILLIONEN JAHREN

286   248   208   144

5 Keine Dinosaurier-Art überlebte das gesamte Mesozoikum. Verschiedene Arten entstanden und verschwanden. Manche lebten weniger als eine Million Jahre lang. Der Stegosaurus und andere lebten mehr als 20 Millionen Jahre.

6 Zur Zeit der Dinosaurier gab es keine Menschen. Nach dem Aussterben der Saurier dauerte es 60 Millionen Jahre, bis die ersten Menschen auftauchten.

KAUM ZU GLAUBEN!

Das Wort „Dinosaurier" bedeutet „schreckliche Echse". Doch die Dinosaurier waren gar nicht alle schrecklich: Die kleinen Pflanzenfresser waren etwa so gefährlich wie heutzutage ein Schaf.

◄ Am Ende der Kreidezeit starben alle Dinosaurier aus. Vielleicht schlug damals ein Meteorit auf der Erde ein, doch niemand weiß es genau.

MESOZOIKUM	KÄNOZOIKUM
KREIDEZEIT	TERTIÄR

In der letzten Phase des Mesozoikums gibt es riesige Fleischfresser und gepanzerte Pflanzenfresser.

Alle Dinosaurier sind ausgestorben. Die Säugetiere, die es schon seit dem Trias gibt, breiten sich auf dem Land aus.

Tyrannosaurus Rex

Deinonychus

Spinosaurus

Tarbosaurus

Brontotherium, Pflanzen fressendes Säugetier

Thylacosmilus, Fleisch fressendes Säugetier

Nesodon, Pflanzen fressendes Säugetier

VOR MILLIONEN JAHREN

144

65

2

Vor den Dinosauriern

7 **Die Dinosaurier waren nicht die ersten Tiere auf der Erde.** Vor ihnen lebten viele andere Arten, darunter verschiedene Reptilien. Im Laufe von Millionen von Jahren veränderten sich diese Reptilien ganz langsam, bis die ersten Dinosaurier entstanden.

9 **Manche Krokodile sehen aus wie Dinosaurier – aber es sind keine.** Krokodile gab es schon vor den ersten Dinosauriern, und es gibt sie noch heute. Der Fischfresser Erythrosuchus war 4,5 Meter lang und lauerte vor 240 Millionen Jahren in den Sümpfen.

8 **Das Dimetrodon war ein gefährliches, Fleisch fressendes Reptil, das wie ein Dinosaurier aussah – aber keiner war.** Es lebte vor 270 Millionen Jahren, also lange vor der Zeit der Dinosaurier. Es war etwa 3 Meter lang und hatte auf dem Rücken ein großes „Segel" aus Haut.

10 Die Therapsiden lebten früher und auch noch zu Beginn der Dinosaurierzeit. Man nennt sie auch säugetierartige Reptilien, weil sie wie Säugetiere einen behaarten Körper hatten. Die meisten Reptilien dagegen haben eine schuppige Haut.

Der Ornithosuchus war einer der ersten Thekodontier. Der Fleischfresser, der auf zwei Beinen laufen konnte, war ein Vetter der ersten Dinosaurier. Der Name „Thecodontus" bedeutet in etwa „Rohrzahn-Reptil".

QUIZ

1. Lebte das Dimetrodon vor oder nach den Dinosauriern?
2. Fingen Thekodontier kleine Tiere oder fraßen sie Blätter und Früchte?
3. Wie nennt man die Therapsiden noch?
4. Sind Krokodile Nachkommen der Dinosaurier?
5. Hatten alle Reptilien eine schuppige Haut?

5. Nein, einige hatten ein Fell.
4. Nein, Krokodile sind eine eigene Art.
3. Säugetierartige Reptilien
2. Kleine Tiere
1. Vorher

11 Thekodontier waren schlanke, langbeinige Reptilien, die kurz vor den Dinosauriern lebten. Sie konnten sich auf die Hinterbeine aufrichten, schnell laufen und gut springen. Vermutlich haben sie sich von kleinen Tieren, wie Käfern und Eidechsen, ernährt.

12 Von allen Tieren auf dieser Seite sehen die Thekodontier den ersten Dinosauriern am ähnlichsten. Sie veränderten sich vor etwa 220 Millionen Jahren und sind vielleicht die Vorfahren der frühen Dinosaurier, doch das ist nur eine Vermutung. Es gibt auch viele andere Theorien über die Entstehung der Dinosaurier.

Die ersten Dinosaurier

13 **Die ersten Dinosaurier gab es vor etwa 230 Millionen Jahren.** Der Eoraptor und der Herrerasaurus lebten im heutigen Argentinien in Südamerika. Beide waren schlank und schnell. Sie konnten fast aufrecht stehen und auf ihren beiden Hinterbeinen laufen. Damals hatten nur wenige Tiere Beine, die gerade unter dem Körper saßen. Die Beine der meisten Tiere standen seitwärts vom Körper ab und waren dann nach unten abgeknickt. Dadurch konnten sie sich nur langsam fortbewegen.

Der Herrerasaurus war von der Nase bis zur Schwanzspitze etwa 3 Meter lang.

Seine Beine standen unter dem Körper. Bei anderen Reptilien standen sie meist seitlich, wie bei Eidechsen und Krokodilen.

14

Die ersten Dinosaurier waren vermutlich Fleischfresser. Sie jagten kleine Tiere, wie Eidechsen und andere Reptilien, Insekten und Würmer. Sie hatten einen leichten Körper und lange, kräftige Beine, mit denen sie schnell laufen konnten. Mit langen, spitzen Krallen packten sie ihre Opfer. Im Maul hatten sie spitze Zähne, um ihre Beute zu packen und zu fressen.

Schneller Zweibeiner

Du brauchst:

feste Pappe   Klebeband
Schere   Musterbeutelklammern

Schneide ein Modell des Herrerasaurus aus Pappe aus: Kopf, Körper, Vorderbeine und Schwanz in einem Stück. Dann schneide die beiden Hinterbeine einzeln aus. Befestige die Beine mit einer Musterbeutelklammer an den Hüften. Jetzt kannst du den Körper über den Beinen bewegen, bis er im Gleichgewicht ist. So standen viele Dinosaurier auf ihren Hinterbeinen.

Der Herrerasaurus hatte einen langen, spitzen Kopf und einen langen, geschmeidigen Hals. So konnte er gut nach Beute Ausschau halten und schnüffeln.

Der lange Schwanz hielt den Oberkörper über den Hinterbeinen im Gleichgewicht.

Auf seinen zwei Hinterbeinen konnte er schnell laufen, auf allen vieren kam er nur langsam voran.

Immer größer!

15 **Als sich die ersten Dinosaurier auf der Erde verbreiteten, veränderten sie sich langsam.** Diese langsame, natürliche Veränderung findet statt, seit es Leben auf der Erde gibt. Neue Tier- und Pflanzenarten tauchen auf, leben eine Weile und sterben wieder aus. Dafür erscheinen wieder neue Arten. Diese langsame Veränderung des Lebens auf der Erde nennt man Evolution.

▼ Plateosaurus

16 Einige Dinosaurier-Arten wurden größer und fraßen keine kleinen Tiere, sondern Pflanzen. Der Plateosaurus war einer der ersten großen Pflanzenfresser. Er lebte vor etwa 200 Millionen Jahren im heutigen Europa und war etwa acht Meter lang. Er konnte sich auf die Hinterbeine stellen und erreichte mit seinem langen Hals auch Blätter in großer Höhe.

17 Der Riojasaurus war ein noch größerer Pflanzenfresser. Er lebte vor 218 Millionen Jahren im heutigen Argentinien. Er war zehn Meter lang und wog etwa eine Tonne – so viel wie heutzutage ein größeres Auto.

▼ Riojasaurus

18 Die ersten Dinosaurier lebten während des Trias. Das war der erste Abschnitt des Mesozoikums. Das Trias begann vor etwa 248 Millionen Jahren und endete vor 208 Millionen Jahren.

▼ Das Rutiodon, ein krokodilartiger Fleischfresser, belauert Riojasaurier. Wahrscheinlich denkt es gerade an sein Mittagessen …

19 Vielleicht wurden die ersten Pflanzenfresser so groß, damit sie die Blätter hoch in den Baumwipfeln erreichen konnten. Ihre Größe half auch bei der Verteidigung gegen die Fleischfresser, die sie angriffen. Ein solcher Fleischfresser war das Rutiodon, ein Krokodil von drei Meter Länge.

KAUM ZU GLAUBEN!

Die ersten Pflanzenfresser ernährten sich nicht von Früchten und Gräsern – die gab es nämlich noch nicht. Sie fraßen Schachtelhalme, Farne, Cycadeen und Nadelbäume.

Was Zähne verraten

20 Wir wissen etwas über Lebewesen aus lange vergangenen Zeiten, weil es Fossilien gibt. Dies waren einmal harte Körperteile wie Knochen, Krallen, Hörner und Schalen, die nach dem Tod der Tiere nicht zerfallen sind. Sie blieben vergraben über Millionen von Jahren erhalten. Dabei verwandelten sie sich ganz langsam in Stein und wurden zu Fossilien. Ihre Größe und Form gibt Hinweise auf das Leben der prähistorischen Tiere.

▶ Der Pflanzenfresser Edmontosaurus hatte im hinteren Teil des Kiefers breite Zähne zum Kauen.

21 Die Zähne der Dinosaurier waren sehr hart und sind als Fossilien erhalten. An ihrer Form kann man erkennen, was die einzelnen Saurierarten fraßen. Der Edmontosaurus hatte breite, scharfkantige Zähne in den Seiten seines Mauls. Damit konnte er harte Pflanzenteile, z.B. Zweige und ältere Blätter, zerkauen.

▲ Der Tyrannosaurus hatte im vorderen Kiefer spitze, messerscharfe Zähne, mit denen er Fleisch zerreißen konnte.

22 Der Tarbosaurus hatte Zähne wie Dolche: lang und spitz. Damit konnte er seine Beutetiere erlegen und beim Fressen Fleischbrocken herausreißen.

▲ Der Tarbosaurus war zwölf Meter lang und lebte vor etwa 70 Millionen Jahren im östlichen Asien.

▼ Der Baryonyx war zehn Meter lang und lebte vor 120 Millionen Jahren in Europa.

Dinosaurierzähne im Haus?

Geh einmal in der Küche oder im Keller auf die Suche nach „Dinosaurierzähnen" – aber frag vorher um Erlaubnis! Manche Werkzeuge ähneln den Saurierzähnen und haben einen ähnlichen Zweck. Feile und Raspel – breite Fläche mit harten Kanten, wie die Mahlzähne des Edmontosaurus. Messer – lang, spitz und scharf, wie die Reißzähne des Tyrannosaurus. Zange – kann zupacken und festhalten, wie das Schnabel-Maul des Ornithomimus.

23 Der Baryonyx hatte kleine, schmale, zugespitzte Zähne. Sie ähnelten den Zähnen eines heutigen Krokodils oder Delfins und waren ideal, um schlüpfrige Beute wie Fische zu packen.

24 Die Zähne des großen, langhalsigen Apatosaurus waren lang, dünn und wie stumpfe Bleistifte geformt. Damit konnte er wie mit einer Harke Blätter von Zweigen streifen.

▶ Der Apatosaurus war 25 Meter lang und lebte vor 140 Millionen Jahren im westlichen Teil Nordamerikas.

25 Manche Dinosaurier, wie der Ornithomimus, hatten gar keine Zähne. Ihr Maul sah aus wie der Schnabel eines Vogels und bestand aus einer harten, hornigen Substanz, ähnlich wie Fingernägel. Mit diesem Schnabel konnten sie Samen, Würmer und Käfer aufpicken, so wie heute die Vögel.

▲ Der Ornithomimus war 3,5 Meter lang und lebte vor 70 Millionen Jahren im westlichen Teil Nordamerikas.

Die Superriesen

26 Die wahren Riesen des Dinosaurier-Zeitalters waren die Sauropoden. Sie hatten einen kleinen Kopf, einen langen Hals, einen rundlichen Körper, einen langen Schwanz und vier säulendicke Beine. Zu den größten Sauropoden gehörten Brachiosaurus, Mamenchisaurus, Barosaurus, Diplodokus und Argentinosaurus.

▲ Der Argentinosaurus konnte 40 Meter lang und 100 Tonnen schwer werden.

27 Die Sauropoden lebten wahrscheinlich in Herden. Das wissen wir, weil ihre Fußspuren als Fossilien erhalten geblieben sind. Jeder Fuß hinterließ einen Abdruck von der Größe eines Stuhlsitzes. Hunderte solcher Fußspuren verraten, dass viele Sauropoden gemeinsam wanderten.

28 Sauropoden schluckten Kieselsteine – mit Absicht! Mit ihren kegelförmigen Zähnen konnten sie zwar Blätter von den Zweigen streifen, aber nicht zerkauen. Die verschluckten Steine zerkleinerten die Nahrung im Magen. Die dadurch glatt geschliffenen Steine hat man bei den Fossilien-Knochen der Sauropoden gefunden.

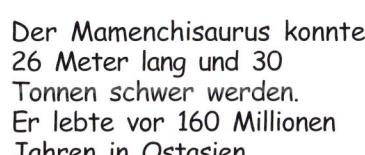

Der Mamenchisaurus konnte 26 Meter lang und 30 Tonnen schwer werden. Er lebte vor 160 Millionen Jahren in Ostasien.

Der Barosaurus lebte vor 150 Millionen Jahren in Nordamerika und Afrika. Er wurde 27 Meter lang und 15 Tonnen schwer.

29 Die größten Sauropoden, wie der Apatosaurus, waren riesige Tiere. Sie wogen zehn Mal mehr als heutige Elefanten. Ihre versteinerten Fußabdrücke zeigen, dass sie trotzdem recht schnell laufen konnten – etwa so schnell wie du!

Der Brachiosaurus wurde 25 Meter lang und 50 Tonnen schwer. Er lebte vor 150 Millionen Jahren in Nordamerika und Afrika.

Der Diplodokus lebte vor 150 Millionen Jahren in Nordamerika. Er war 27 Meter lang und zwölf Tonnen schwer.

30 Die Sauropoden mussten 20 Stunden am Tag fressen. Der gewaltige Körper brauchte viel Nahrung, und das mit einem recht kleinen Maul!

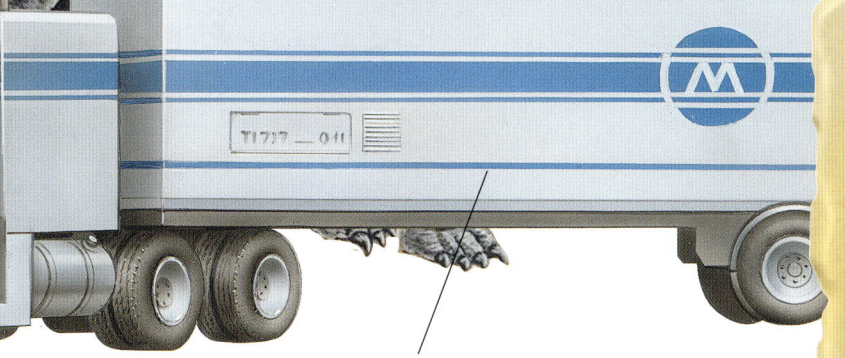

Dieser moderne Lastwagen ist im gleichen Maßstab gezeichnet wie die Dinosaurier.

KAUM ZU GLAUBEN!

Der Diplodokus wird auch „Peitschenschwanz" genannt. Er konnte seinen langen Schwanz kräftig und schnell schwingen und laut knallen lassen. Mit dieser starken, ledernen Peitsche konnte er Feinde vertreiben oder auch äußerlich verletzen.

Krallen und Klauen

31 Fast alle Dinosaurier hatten an ihren Vorder- und Hinterfüßen Krallen. Je nach Saurierart hatten diese eine unterschiedliche Form und dienten verschiedenen Aufgaben. Sie bestanden aus Keratin, einer harten Substanz, aus der auch deine Finger- und Zehennägel bestehen.

32 Der Hypsilophodon hatte große, kräftige Klauen. Der zwei Meter große Pflanzenfresser benutzte sie wahrscheinlich, um Samen und Wurzeln auszugraben.

33 Der Deinonychus hatte am zweiten Zeh seiner Hinterfüße eine große, gebogene Kralle. Wie mit einem spitzen Messer konnte er damit seine Beute festhalten und Fleischstücke herausreißen.

▲ Deinonychus

34 Der Deinonychus hatte an den Vorderbeinen lange, scharfe Hakenkrallen. Der drei Meter lange Fleischfresser packte damit seine Beute und zerriss ihre Haut und ihr Fleisch.

35 Der Baryonyx hatte eine große Kralle, die wie ein Daumen an den Vorderfüßen saß. Forscher meinen, dass er sich von Fischen ernährte, die er mit der Kralle aus dem Wasser fing.

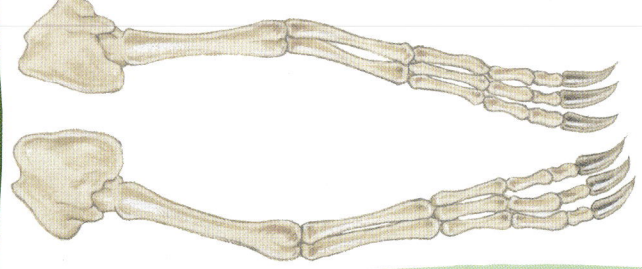

◀ Diese langen Vorderbeine des Deinocheirus hat man in der Mongolei gefunden. Sie sind länger als die Arme eines Menschen. Weitere Teile des Skeletts hat man jedoch noch nicht entdeckt.

36 Das Iguanodon hatte Krallen an seinen Hinterfüßen, die stumpf und abgerundet wie Hufe waren.

QUIZ 2

Vergleiche diese heutigen Tiere mit den Dinosauriern und ihren Krallen. Welcher Dinosaurier hat Krallen ähnlicher Form und mit ähnlichen Aufgaben?

1. Löwe –
scharfe Krallen zum Reißen
2. Reh – runde, abgeflachte Hufe
3. Elefant –
flache Krallen wie Fußnägel
4. Maulwurf –
breite Grabekrallen

1. Deinonychus 2. Iguanodon 3. Apatosaurus 4. Hypsilophodon

37 An den Vorderfüßen hatte das Iguanodon stumpfe Krallen. Nur die Daumenkralle war länger und sehr spitz. Vielleicht diente sie zur Verteidigung gegen Feinde.

38 Die riesigen Sauropoden hatten stumpfe, abgeflachte Krallen. Die Krallen des Apatosaurus beispielsweise sahen aus wie gewaltige Fußnägel!

Tödliche Fleischfresser

39 **Die riesigen, Fleisch fressenden Dinosaurier waren die größten Raubtiere, die je auf der Erde lebten.** Im Laufe des Mesozoikums gab es verschiedene Arten. Der Allosaurus lebte etwa in der Mitte dieses Zeitraums. Einer der letzten Dinosaurier war zugleich einer der größten Räuber: der Tyrannosaurus. Doch der Giganotosaurus, ein früherer Fleischfresser aus Südamerika, war noch größer.

KAUM ZU GLAUBEN!

Manche Fleischfresser bissen nicht nur ihre Beute, sondern auch ihre Artgenossen. An verschiedenen fossilen Tyrannosaurus-Köpfen hat man Bisswunden entdeckt. Vielleicht kämpften die Tiere um die Führung der Gruppe, wie es heute noch Wölfe tun.

40 Die gewaltigen Fleischfresser waren dafür gebaut, große Beutetiere zu jagen – sogar andere Dinosaurier. Sie hatten große Mäuler mit starken Kiefern und spitzen Zähnen. Sie hatten lange, kräftige Hinterbeine, mit denen sie schnell waren, und große Krallen, mit denen sie ihre Opfer schlugen.

41 Die Fleischfresser fanden ihre Beute vermutlich auf verschiedene Weise. Manche lauerten hinter Felsen oder Bäumen, um sich dann plötzlich auf ein Opfer zu stürzen. Andere jagten hinter der Beute her oder hetzten sie, bis sie erschöpft war. Einige fraßen auch Aas – also bereits tote Tiere.

Der Albertosaurus aus Nordamerika war neun Meter lang und wog eine Tonne.

Der Allosaurus war elf Meter lang und zwei Tonnen schwer. Auch er lebte in Nordamerika.

Der Spinosaurus lebte in Afrika. Er war 14 Meter lang und wog vier Tonnen.

Der Carnotaurus: siebeneinhalb Meter lang, eine Tonne schwer.

Der berühmte Tyrannosaurus Rex war 13 Meter lang und sechs Tonnen schwer. Er lebte in Nordamerika.

Der größte Fleischfresser war der Giganotosaurus. Er war 15 Meter lang und wog sieben Tonnen!

Sehen – hören – riechen

42 Auch Dinosaurier konnten sehen, hören und riechen. Das wissen wir durch die Fossilien. Die versteinerten Schädel haben Öffnungen für Augen, Ohren und Nasenlöcher.

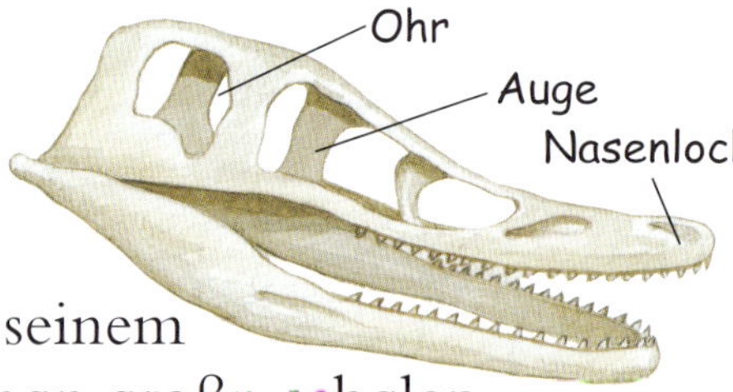

Ohr
Auge
Nasenloch

43 Das Troodon hatte sehr große Augen. In seinem versteinerten Schädel erkennt man große, schalenförmige Augenhöhlen. Heutige Tiere mit großen Augen können im Dunkeln gut sehen, beispielsweise Mäuse, Eulen und nachtaktive Eidechsen. Möglicherweise ging das Troodon in der Dämmerung auf die Jagd nach kleinen Beutetieren.

44 Seitlich am Kopf befinden sich auch Öffnungen – das waren die Ohren des Troodon. Wie andere Reptilien hatten die Dinosaurier kleine, flache Ohren. Das Troodon konnte die Geräusche kleiner Tiere hören, die sich in der Dunkelheit bewegten.

◄ Das Troodon war etwa zwei Meter lang und lebte in Nordamerika. Hier kannst du seine großen Augenhöhlen erkennen.

45 An der Spitze seiner Schnauze liegen zwei Öffnungen für die Nasenlöcher, die zum Atmen und Riechen dienten. Das Troodon hatte einen feinen Geruchssinn und konnte Insekten, Würmer, Eidechsen und kleine Säugetiere, wie Spitzmäuse, riechen.

▲ Der Corythosaurus trug auf seinem Kopf eine Knochenplatte, der Parasaurolophus hatte stattdessen eine Röhre.

46 Die Dinosaurier brauchten ihre Augen, Ohren und Nasen, um Nahrung, Feinde und auch Artgenossen zu finden. Der Parasaurolophus hatte einen hohlen, röhrenförmigen Kamm auf dem Kopf. Vielleicht blies er Luft hindurch und erzeugte so Trompetentöne, ähnlich wie die heutigen Elefanten mit ihrem Rüssel.

▶ Der Parasaurolophus war ein „Entenschnabel"-Dinosaurier oder Hadrosaurier. Er war etwa zehn Meter lang und lebte vor 80 Millionen Jahren in Nordamerika.

Mit großen Augen gut sehen

Bastele dir eine Troodon-Maske aus Pappe

Schneide zuerst eine Form wie auf der Abbildung aus. Dann schneide zwei Augenlöcher von einem Zentimeter Größe. Befestige ein Gummiband und setze die Maske auf. Jetzt kannst du durch die Augenlöcher nur wenig sehen. Schneide die Augen vorsichtig größer aus. Jetzt kannst du die Welt viel besser sehen!

47 Dinosaurier wie der Parasaurolophus haben sich möglicherweise durch Laute mit ihren Artgenossen verständigt. Verschiedene Töne könnten dazu gedient haben, einen Nahrungsfund mitzuteilen oder vor Feinden zu warnen.

Leben unter Sauriern

48 Soweit wir wissen, liefen alle Dinosaurier auf dem Land umher. Keiner konnte fliegen, und keiner verbrachte sein Leben im Wasser. Es gab zur Zeit der Dinosaurier aber andere Tiere, die fliegen und schwimmen konnten. Einige waren – so wie die Dinosaurier – Reptilien.

Der Velociraptor besaß kräftige Arme, Knöchelgelenke und Hände. Daraus haben sich vielleicht die gefiederten Flügel von Vögeln entwickelt.

49 Der Ichtyosaurus war ein Reptil, das im Meer lebte. Er hatte einen Körper wie ein Delfin: lang und schlank, mit Flossen und einem Schwanz. Er ernährte sich von Fischen.

50 Auch der Plesiosaurus lebte im Meer. Er hatte einen langen Hals, einen rundlichen Körper, vier große Flossen und einen kurzen Schwanz.

51 Schildkröten gehörten ebenfalls zu den Wasserbewohnern der Dinosaurierzeit. Sie hatten einen stabilen, runden Panzer und vier Flossen. Schildkröten gibt es noch heute, Ichtyosaurier und Plesiosaurier sind jedoch schon lange ausgestorben.

Schildkröte

Plesiosaurus

Ichtyosaurus

Hadrosaurier wie der Anatosaurus waren „Enten-schnabel"-Saurier mit einem breiten, hohen Schwanz – ähnlich dem eines Krokodils. Vielleicht benutzten sie ihn beim Schwimmen als Ruder, obwohl sie nicht im Wasser lebten.

53 **Die ersten Vögel gab es vor etwa 150 Millionen Jahren.** Es ist möglich, dass die kleinen Fleischfresser, die man Raptor nennt, erst Federn entwickelten und ihre Vorderbeine dann zu Flügeln wurden. So entstanden die ersten Vögel.

54 **Die ersten Vögel gab es schon zur Zeit der Dinosaurier.** Manche jagten Fische im Wasser, so wie es heute noch Möwen und Seeschwalben tun.

Ichthyornis

52 **Pterosaurier waren Reptilien, die fliegen konnten.** Sie besaßen dünne, hautähnliche Flügel, die sie mit ihren langen Fingerknochen aufspannten. Manche flogen über das Wasser und fingen mit ihren scharfzähnigen, schnabelartigen Mäulern Fische, andere jagten kleine Landtiere.

Rhamphorhynchus

QUIZ 3
Welche Tiere sind KEINE Dinosaurier?
A. Pterosaurus
B. Raptor
C. Plesiosaurus
D. Hadrosaurus
E. Ichthyosaurus
F. Vogel

A. Pterosaurus
C. Plesiosaurus
E. Ichthyosaurus
F. Vogel

Schnell und langsam

55 Je nach Größe und Körperbau bewegten sich Dinosaurier unterschiedlich schnell. Wir kennen schlanke und schnelle Geparden und Strauße, während Schwergewichte wie Elefanten und Flusspferde langsam trotten. Bei den Dinosauriern war es ähnlich: Manche waren groß, schwer und langsam, andere schlank, leicht und schnell.

▼ Der Coelophysis war drei Meter lang. Er war einer der ersten Dinosaurier und lebte vor etwa 220 Millionen Jahren.

▲ Der Struthiomimus lebte vor etwa 75 Millionen Jahren im Nordwesten Nordamerikas.

56 Der Struthiomimus war einer der schnellsten Dinosaurier. Er war mehr als zwei Meter hoch, vier Meter lang und hatte kräftige Hinterbeine mit starken Krallen, wie ein Strauß. Auch das hornige, spitze Maul ähnelte dem Strauß. Darum nennt man ihn auch „Straußen-Dinosaurier". Vermutlich konnte er bis zu 70 km/h schnell laufen.

57 Der Muttaburrasaurus war ein großer Ornithopode (Vogelfüßer), ein Verwandter des Iguanodon. Vermutlich bewegte er sich so schnell wie ein Mensch: etwa vier bis fünf km/h. Wenn er mit seiner Höchstgeschwindigkeit von 15 km/h galoppierte, bebte der Boden unter seinem Gewicht von vier Tonnen!

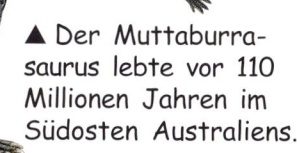

▲ Der Muttaburrasaurus lebte vor 110 Millionen Jahren im Südosten Australiens.

58 Der Coelophysis war ein schlanker, leichter Dinosaurier. Er konnte vermutlich langsam trotten, aber auch springen und sehr schnell rennen. Manchmal lief er aufrecht auf seinen Hinterbeinen. Auf allen vieren bewegte er sich wie ein Hund mit mehr als 30 km/h.

QUIZ 4

Ordne die Geschwindigkeiten dieser Dinosaurier, der heutigen Tiere und des Menschen. Beginne mit dem Langsamsten.
Mensch (40 km/h)
Gepard (über 100 km/h)
Struthiomimus (70 km/h)
Muttaburrasaurus (15 km/h)
Faultier (0,2 km/h)
Coelophysis (30 km/h)

Faultier, Muttaburrasaurus, Coelophysis, Mensch, Struthiomimus, Gepard

Lebende Panzer

59 Der Körper mancher Dinosaurier war gegen Angreifer gut geschützt. Einige hatten Hörner und Stacheln, andere waren mit dicken Knochenplatten gepanzert. Die meisten von ihnen waren Pflanzenfresser. Sie mussten sich gegen die großen Fleischfresser, wie den Tyrannosaurus, schützen.

60 Der Triceratops hatte drei Hörner – eins auf der Nase und zwei größere über den Augen. Über Hals und Schultern trug er ein breites Knochenschild. Mit den Hörnern und dem Schild sah er Furcht einflößend aus, doch die meiste Zeit fraß er friedlich Pflanzen. Wenn er angegriffen wurde, konnte er sich mit seinen Hörnern verteidigen, ähnlich wie ein Nashorn.

Der Triceratops war neun Meter lang und über fünf Tonnen schwer. Er lebte vor 65 Millionen Jahren in Nordamerika.

61 **Der Euoplocephalus war ein gut gepanzerter Dinosaurier.** Er hatte auf dem Rücken Streifen aus dicker, ledriger Haut, aus der spitze Knochenvorsprünge ragten. An seinem Schwanz trug er eine große Verdickung aus Knochenmaterial, die fast einen Meter Durchmesser hatte. Er konnte sie wie eine Keule schwingen und Feinde damit verletzen oder ihnen die Beine brechen.

Entwirf einen Dinosaurier!

Entwirf einmal einen Fantasie-Dinosaurier. Er könnte einen Knochenpanzer, Hörner oder eine Schwanzkeule haben.

Du kannst deinen Dinosaurier zeichnen, aus Pappe ausschneiden oder aus Modelliermasse formen. Dann erfinde noch einen Namen für ihn. Wie wäre es mit Euoplo-ceratops oder Tri-cephalus? Wie gut ist dein Saurier geschützt? Lässt er sich mit heutigen Tieren wie der Schildkröte oder dem Stachelschwein vergleichen?

Styracosaurus

Protoceratops

Euoplocephalus

Eier und Nester

62 Wie die meisten heutigen Reptilien vermehrten sich auch die Dinosaurier durch Eier. Aus diesen schlüpften Junge, die langsam zu erwachsenen Tieren heranwuchsen. Man hat fossile Eier gefunden, aber auch frisch geschlüpfte Dinosaurierbabys.

▲ Ein fossiles Ei mit einem Jungtier

63 Man hat viele verschiedene Dinosaurier-Eier gefunden. Der Protoceratops war etwa so groß wie ein Schwein und lebte vor etwa 85 Millionen Jahren in der heutigen Wüste Gobi in Asien.

▲ Ein Ei des Protoceratops

64 Protoceratops-Weibchen ordneten ihre Eier. Sie legten sie sorgfältig in einer Spiralform oder in mehreren, ineinander liegenden Kreisen aus.

▼ Ein weiblicher Protoceratops mit ihren Eiern

65 Die Protoceratops kratzten ein Nest von etwa einem Meter Durchmesser in die trockene Erde. Vermutlich taten das nur die Weibchen. Bei heutigen Reptilien kümmern sich nur die Weibchen um ihre Eier und Jungen.

▲ Hadrosaurier-Ei

66 Die Jungen schlüpften vermutlich nach einigen Wochen. Die Eier hatten, wie die der heutigen Reptilien, eine ledrige Haut. Sie waren nicht so hart und spröde wie Vogeleier.

67 An Fossilien erkennt man, dass Protoceratops-Junge ihren Eltern sehr ähnlich sahen. Verglichen mit einem erwachsenen Tier hatten sie aber eine kleinere Knochenplatte am Hals. Wenn die Jungen größer wurden, wuchs diese Platte schneller als der restliche Körper. Bei menschlichen Babys ist der Kopf im Verhältnis zum Körper größer. Er wächst langsamer, wenn das Baby größer wird.

▶ Dies ist ein Teil eines Tyrannosaurus-Eis in natürlicher Größe.

QUIZ 5

1. Wie lang war Triceratops?
2. Wie viele Hörner hatte ein Triceratops?
3. Wie groß war das Nest eines Protoceratops?
4. Waren Dinosaurier-Eier so hart wie Vogeleier?
5. Wie lang war das Ei des Tyrannosaurus?

1. Neun Meter
2. Drei
3. Ein Meter
4. Nein, sie hatten eine ledrige Schale.
5. 40 Zentimeter

68 Dinosaurier legten Eier in verschiedenen Größen und Formen. Große Sauropoden wie der Brachiosaurus legten vermutlich runde Eier von der Größe eines Basketballs. Die Eier der Fleischfresser waren länglicher. Die Eier des Tyrannosaurus waren 40 Zentimeter lang und 15 Zentimeter dick.

69 Die meisten Dinosaurier legten ihre Eier einfach in ein Nest oder gruben sie im Boden ein und ließen sie allein. Die jungen Dinosaurier mussten selbst Nahrung suchen und sich gegen Angreifer verteidigen. Einige Dinosaurier-Arten kümmerten sich aber auch um ihre Jungen.

Saurier-Babys

70 Manche Dinosaurier kümmerten sich um ihre Jungen und brachten ihnen sogar Nahrung ins Nest. Unter Fossilien des Maiasaurus hat man Nester, Eier, frisch geschlüpfte Junge und zerbrochene Eierschalen gefunden. Man hat auch zerbrochene Eier mit ungeschlüpften Jungen entdeckt, die von anderen geschlüpften Tieren zertrampelt wurden.

71 Die frisch geschlüpften Maiasaurus-Jungen mussten im Nest bleiben. Sie konnten nicht laufen, weil die Knochen ihrer Beine noch zu weich waren. Das Nest war ein Schlammhügel von etwa zwei Metern Durchmesser, in dem bis zu 20 Junge lebten.

Ein ausgewachsener Maiasaurus war etwa neun Meter lang und drei Tonnen schwer. Ein frisch geschlüpftes Maiasaurus-Junges war nur 30-40 Zentimeter lang. Maiasaurier lebten vor 75 Millionen Jahren in Nordamerika.

Man hat Hunderte von Maiasaurus-Nestern in enger Nachbarschaft gefunden. Daher weiß man, dass diese Saurier in Kolonien brüteten. Es war auch zu erkennen, dass die Nester immer wieder vergrößert oder repariert wurden. Darum vermutet man, dass die Maiasaurier jedes Jahr zu ihren Nestern zurückkehrten.

72 In den fossilen Maiasaurus-Nestern hat man auch versteinerte Zweige, Beeren und andere Pflanzenteile gefunden. Maiasaurier waren Pflanzenfresser, und es scheint, dass die Eltern ihrem Nachwuchs Nahrung ins Nest brachten. Die winzigen Zähne der Jungen hatten schon Kratzer vom Kauen der Nahrung. Darum vermutet man, dass sie von ihren Eltern versorgt wurden.

KAUM ZU GLAUBEN!

Kleine Dinosaurier wuchsen fünf Mal schneller als menschliche Babys. Ein kleiner Sauropode, wie der Diplodokus, war schon einen Meter lang und 30 Kilogramm schwer, wenn er aus seinem Ei schlüpfte.

Das Ende der Dinosaurier

73 Vor 65 Millionen Jahren starben alle Dinosaurier aus. Im Gestein aus dieser Zeit findet man noch Dinosaurier-Fossilien. In jüngerem Gestein entdeckt man nur Fossilien von Fischen, Insekten, Vögeln und Säugetieren. Was hat diese zahlreichen und großen Tiere, die so lange auf der Erde gelebt hatten, ausgelöscht? Es gibt viele Vermutungen. Vielleicht waren eine oder mehrere Naturkatastrophen verantwortlich.

74 Vielleicht raste ein großer Meteorit aus dem Weltraum heran und schlug auf der Erde ein. Dabei wirbelte er gewaltige Wolken aus Wasser, Steinbrocken, Asche und Staub auf, was die Sonne für viele Jahre verdunkelte. In der Dunkelheit konnten keine Pflanzen wachsen, darum starben die Pflanzen fressenden Dinosaurier aus. So fanden die Fleischfresser keine Beute mehr und starben ebenfalls aus.

75

Vielleicht sind auch viele Vulkane auf der Erde gleichzeitig ausgebrochen. Dabei flogen glühende Steine, Asche und Staub durch die Luft, und es entstanden Wolken aus giftigem Gas. Die Dinosaurier hatten nicht mehr genug Luft zum Atmen und erstickten.

76

Auch eine Krankheit, die sich langsam unter allen Dinosauriern ausbreitete, könnte für ihr Aussterben verantwortlich gewesen sein.

77

Vielleicht wurden die Eier der Dinosaurier aufgefressen. Damals gab es kleine Säugetiere, ähnlich wie Spitzmäuse, die sich wie eine Plage vermehrt haben könnten und nachts unbemerkt die Dino-Eier fraßen.

Meteoriten-Einschlag

Du brauchst:

- eine große Plastikschüssel
- Mehl
- einen großen Kieselstein
- eine Schreibtischlampe
- einen Platz, der ruhig schmutzig werden darf.

Frag vor diesem Experiment unbedingt um Erlaubnis! Schütte das Mehl in die Schüssel – das ist die Erdoberfläche. Stell die Lampe so auf, dass ihr Licht auf das Mehl scheint – das ist die Sonne. Der Stein ist ein Meteorit aus dem Weltraum. WOMM! Jetzt lass den Stein in das Mehl fallen. Du siehst, wie die kleinen Mehlteilchen in der Luft schweben und die „Sonne" verdunkeln.

Was danach kam

78 Vor 65 Millionen Jahren gab es keine Dinosaurier mehr. Aber zu der Zeit verschwanden noch andere Tierarten. Die Flugreptilien, die man Pterosaurus nennt, starben ebenso wie die schwimmenden Reptilien Ichthyosaurus und Plesiosaurus. Wenn alle Angehörigen einer Gruppe von Lebewesen sterben, spricht man vom Aussterben. Und wenn mehrere Gruppen von Lebewesen zur gleichen Zeit aussterben, spricht man von einem Massen-Aussterben.

◄ Diatryma, ein großer, flügelloser Vogel

79 Obwohl vor 65 Millionen Jahren viele Tierarten und Pflanzen ausstarben, lebten andere weiter. Insekten, Würmer, Fische, Vögel und Säugetiere haben das Massen-Aussterben überlebt, und es gibt sie noch heute.

80 Während die Dinosaurier und andere Reptilien ausgestorben sind, gibt es andere Reptiliengruppen noch heute. Einige Reptilien, wie Krokodile, Schildkröten, Eidechsen und Schlangen, haben das Massen-Aussterben überlebt. Warum sie überleben konnten, ist für die Dinosaurier-Forscher noch heute ein Rätsel.

▼ In dem Massen-Aussterben vor 65 Millionen Jahren verschwanden viele Tier- und Pflanzenarten für immer. Die Abbildung zeigt einige Arten, die überlebten.

▼ Hesperocyon   ▼ Hyracotherium

81 Nach dem Massen-Aussterben auf der Erde nahmen zwei Tierarten die Stelle der Dinosaurier ein: die Vögel und die Säugetiere. Die ersten Säugetiere waren klein und wagten sich nur bei Dunkelheit hervor. Dann wurden sie größer und es entwickelten sich viele Arten – von den friedlichen Pflanzenfressern bis zu den gefährlichen Raubtieren.

KAUM ZU GLAUBEN!

Die ersten Vögel hatten Flügel und segelten durch die Luft. Viele Vögel, die sich erst nach den Dinosauriern entwickelten, konnten dagegen nicht fliegen.

Legenden und Irrtümer

82 Soweit wir heute wissen, haben wir auch einige ganz falsche Vorstellungen über Dinosaurier entwickelt. Zum Beispiel werden Dinosaurier oft in verschiedenen Farben, wie Braun oder Grün, dargestellt, manche haben auch Flecken oder Streifen. Tatsächlich weiß niemand, welche Farben sie hatten. Man hat zwar fossile Dinosaurier-Haut gefunden, doch sie haben inzwischen die Farbe von Stein.

◄ Wir haben keine Ahnung, welche Farben die Dinosaurier hatten. Wir können zwar die Haut von heutigen Reptilien ansehen und Vermutungen anstellen, doch sicher können wir nicht sein!

◄ Das ist versteinerte Haut des Edmontosaurus. Man kann das Muster der Haut erkennen, aber nicht die Farbe.

83 Lange Zeit haben die Menschen die Dinosaurier für langsam und dumm gehalten. Das war falsch. Einige Arten waren sehr schnell und beweglich. Und einige, wie das Troodon, hatten für ihre Körpergröße ein sehr großes Gehirn. Sie könnten also recht „schlau" gewesen sein.

▲ Das Troodon hatte für seine Körpergröße ein großes Gehirn – ähnlich wie ein heutiger Affe.

84 Die Forscher haben vor etwa 160 Jahren begonnen, sich mit Dinosauriern zu beschäftigen. Die ersten Saurier, die sie untersuchten, waren sehr groß – wie der Megalosaurus, das Iguanodon und der Plateosaurus. Doch nicht alle Dinosaurier waren riesig: Der Compsognathus war einer der kleinsten Dinosaurier. Er war mit 75 Zentimetern nur etwa so groß wie eine Katze.

◀ Der Compsognathus wog nur drei Kilogramm und lebte vor 155 Millionen Jahren in Europa.

◀ Sein Name bedeutet „eleganter Kiefer". Er hatte kleine Zähne mit großen Lücken. Daraus schließen Forscher, dass er zwar kleine Reptilien und Insekten fraß, aber keine größeren Beutetiere angriff.

▲ Diese Wannanosaurier prallen beim Kampf um das Revier, ein Weibchen oder ihre Beute mit den Köpfen gegeneinander. Der Kampf sieht gefährlich aus, doch diese Saurier waren nur 60 Zentimeter lang und lebten vor etwa 85 Millionen Jahren in Asien.

KAUM ZU GLAUBEN!

Ein Dinosaurier hatte den Daumen auf der Nase! Als Forscher die ersten Fossilien des Iguanodon fanden, entdeckten sie auf der Nase einen Knochen, der wie ein Horn aussah. Heute meint man, dass dieses Horn eine Art Daumenkralle war.

85 Man glaubte auch, dass die ersten Höhlenmenschen gegen Saurier kämpften und sie jagten – oder umgekehrt, das ist aber falsch! Menschen tauchten erst 60 Millionen Jahre nach dem Aussterben der Dinosaurier auf der Erde auf.

86 Manche Menschen meinen, dass einzelne Dinosaurier auf abgelegenen Inseln oder im tiefen Dschungel überlebt haben könnten. Die Erde ist inzwischen aber bis in den letzten Winkel erforscht, und man hat keine Dinosaurier gefunden.

Wie kann man das wissen?

87 Das meiste Wissen über Dinosaurier stammt von Fossilien. Fossilien sind im Verlauf von Jahrmillionen entstanden. Die meisten Fossilien bilden sich auf dem Grund von Seen, Flüssen oder Meeren, wo sie unter weichem Sand konserviert werden. Sterben Tiere auf dem trockenen Land, werden sie meist gefressen oder verrotten.

Es dauert Millionen von Jahren, bis ein Fossil entsteht. Zuerst stirbt ein Tier, wie dieser Trilobit. Trilobiten lebten vor 600 Millionen Jahren im Meer – also lange vor den ersten Dinosauriern.

▼ Der Stegoceras war ein Pachycephalosaurier oder „Knochenkopf-Dinosaurier". Er hatte auf dem Kopf eine sehr dicke Knochenschicht, ähnlich wie ein Helm. Sein Name bedeutet „gehörntes Dach".

Der Stegoceras war etwa zwei Meter lang. An seinen Zähnen erkennt man, dass er ein Pflanzenfresser war. Durch das Alter des Gesteins, in dem man seine Fossilien gefunden hat, wissen wir, dass er vor 70 Millionen Jahren an der Westküste des heutigen Nordamerika lebte. Wie viele Pflanzenfresser, zog er vermutlich in großen Herden umher.

88 Fossilien bilden sich meist aus den härteren Körperteilen, die nach dem Tod nur langsam verrotten. Dazu gehören Knochen, Zähne, Hörner, Krallen und Schalen oder Pflanzenteile, z.B. Rinde, Samen und Zapfen.

89 Ganz selten wurde ein Dinosaurier bald nach seinem Tod verschüttet. Dann wurden auch die weicheren Teile zu Fossilien, zum Beispiel die Haut oder die Reste der letzten Mahlzeit in seinem Magen.

Der Stegoceras hatte lange, dünne Beine mit vier Zehen an jedem Fuß. Seine Vorderbeine waren viel kürzer und hatten fünf Zehen.

Die weichen Teile verrotten.

Die harte Schale wird vom Schlamm begraben.

Der Schlamm und das darin begrabene Tier werden zu Stein – ein Fossil ist entstanden.

Der Schädel des Stegoceras hatte eine Kuppelform. Der dickste Teil der Schädelplatte war sechs Zentimeter dick und schützte das Gehirn. Daraus schließen die Forscher, dass Tiere dieser Art beim Kämpfen mit den Köpfen zusammenprallten.

▼ Vielleicht haben Stegoceras-Männchen in der Paarungszeit miteinander gekämpft, ähnlich wie es heute Ziegen und Schafe tun.

91

Auch Dinosaurier-Mist verwandelte sich in Fossilien. An den darin enthaltenen Nahrungsresten kann man erkennen, was das jeweilige Tier fraß. Manche Haufen waren so groß wie ein Fernseher!

90

Nicht alle Dinosaurier-Fossilien stammen von den Körpern der Tiere. Sie haben auch andere Spuren hinterlassen, darunter Eierschalen, Nester, Tunnel, Fußabdrücke und Spuren von Krallen und Zähnen an ihrer Nahrung.

QUIZ 6

Woraus entstanden Fossilien?

Aus welchen Teilen eines Dinosauriers bildeten sich häufiger Fossilien? Denk daran, Fossilien entstehen aus den härteren Teilen, die lange genug erhalten bleiben, um im Schlamm vergraben und in Stein verwandelt zu werden.

Schädelknochen	Blut
Muskeln	Krallen
Beinknochen	Augen
Schuppige Haut	Zähne

Schädelknochen, Beinknochen, Zähne und Krallen bildeten am häufigsten Fossilien.

Ausgrabungen

92 Jedes Jahr werden Tausende von Dinosaurier-Fossilien entdeckt. Die meisten stammen von bekannten Arten. Fünf oder zehn können aber auch von neuen, unbekannten Arten stammen. Die Fossilien helfen den Forschern herauszufinden, wie die Dinosaurier aussahen und wie sie lebten.

▼ Diese Paläontologen suchen und erforschen Dinosaurierknochen. Hier graben sie ein Skelett aus.

93 Die meisten Fossilien werden durch zähe Arbeit ans Licht gebracht. Wissenschaftler, Paläontologen genannt, untersuchen das Gestein eines Gebietes und überlegen, wo Fossilien wahrscheinlich zu finden sein könnten. Dann folgen wochenlange Ausgrabungen. Jedes kleinste Teil wird genau untersucht, um festzustellen, ob es Teil eines Fossils ist. Manche Fossilien wurden aber auch zufällig von Spaziergängern gefunden.

94 Es kommt fast nie vor, dass man einen ganzen, unversehrten Dinosaurier findet. Meist entdeckt man nur einige wenige Versteinerungen, und die sind oft noch zerbrochen und durcheinander geraten.

Die Forscher arbeiten bei den Ausgrabungen mit Hämmern, Meißeln und Pinseln.

In Zeichnungen, Notizen und Fotos halten die Forscher jeden Schritt der Ausgrabungen fest.

95

Die Fossilien werden in ein paläontologisches Labor gebracht. Dort werden sie gereinigt. Dann versucht man, sie zusammenzusetzen. Das ist, als wollte man ein Puzzle zusammensetzen, bei dem die meisten Teile fehlen. Und selbst die erhaltenen Teile sind meist beschädigt. Lebende Tiere, wie Krokodile, helfen den Forschern, eine Vorstellung von den nicht mehr erhaltenen Teilen der Dinosaurier zu bekommen.

▲ reinigen

▲ auslegen

Fossilien bestehen aus Stein und sind sehr schwer. Sie sind aber auch sehr spröde und zerbrechen leicht. Darum hüllt man sie in Gipsbinden oder Glasfasermatten.

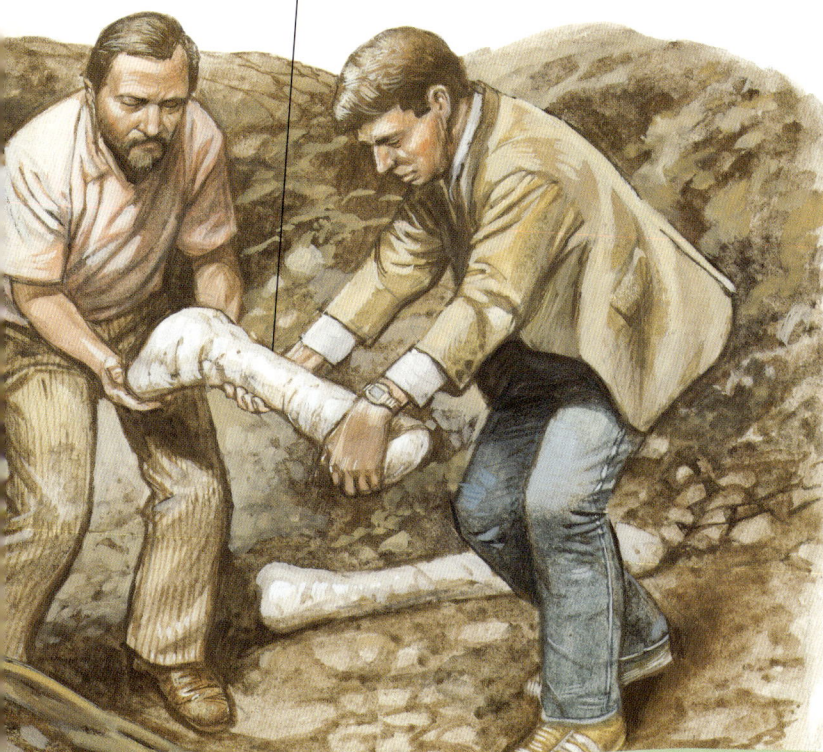

▲ Das nachgebaute Skelett wird schließlich in einem Museum ausgestellt.

QUIZ 7

1. Wie heißen Wissenschaftler, die Dinosaurier erforschen?

2. Wie werden Ausgrabungen aufgezeichnet?

3. Wie werden die Fossilien auf dem Transport geschützt?

4. Mit welchen Tieren können die Forscher Dinosaurier vergleichen?

1. Paläontologen
2. Notizen, Zeichnungen und Fotos
3. Man verpackt sie in Gipsbinden oder Glasfasermatten.
4. Krokodile

Neue Dinosaurier-Funde

96 Die ersten Dinosaurier-Fossilien stammten aus Europa und Nordamerika. Seit den ersten Funden um 1830 und 1840 hat man aber überall auf der Erde Fossilien entdeckt.

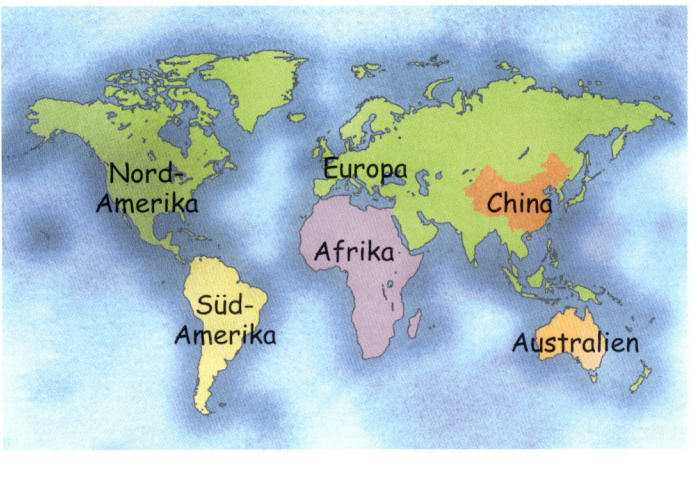

97 Einige der interessantesten Funde der letzten Jahre stammen aus China. Dazu gehören der Caudipteryx, der Protoarchaeopteryx und der Sinosauropteryx. An kleinen Einzelheiten der Fossilien erkennt man, dass diese Tiere Federn hatten. Heute haben nur die Vögel Federn. Waren sie also Vögel, oder doch gefiederte Dinosaurier? Niemand weiß es bisher genau …

Sinosauropteryx

Caudipteryx

Protoarchaeopteryx

98 Auch in Australien, Afrika und Südamerika hat man interessante Entdeckungen gemacht. In Australien hat man den kleinen Pflanzenfresser Leaellynasaura gefunden, er war etwa zwei Meter lang, einen Meter hoch und lebte vor 110 Millionen Jahren. Fossilien der riesigen Sauropoden Jobaria und Janenschia hat man in Afrika entdeckt. Aus Südamerika stammen Funde der größten Pflanzen- und Fleischfresser wie der Argentinosaurus und der Giganotosaurus.

Register

▶ Jobaria und Janenschia sind zwei gewaltige Sauropoden, die erst vor kurzer Zeit in Südamerika entdeckt wurden.

99
Manche Menschen glauben, dass die Dinosaurier eines Tages wieder auferstehen. In Filmen wie Jurassic Park ist das schon geschehen. Wissenschaftler versuchen, aus den Fossilien Erbmaterial der Dinosaurier, DNA genannt, zu gewinnen. Dieser Stoff enthält die „Anleitung" für Körperbau und Lebensweise eines Dinosauriers.

100
Dinosaurier lebten und starben vor langer, langer Zeit. Ihre Welt ist vergangen und ist nicht mehr änderbar. Was sich aber ändert, ist unser Wissen über die Dinosaurier. Jedes Jahr erfahren wir mehr. Und es ist sicher, dass unser heutiges Wissen über die Dinosaurier in Zukunft noch größer und genauer werden wird.

▲ Der Leaellynasaura wurde 1989 in der sogenannten Dinosaurierhöhle bei Melbourne, Australien, entdeckt. Die Wissenschaftler Pat und Thomas Rich fanden diese Fossilien.

KAUM ZU GLAUBEN!

Ein Dinosaurier wurde nach einem kleinen Mädchen benannt. Leaellynasaura trägt den Namen der Tochter der beiden Forscher, die die Fossilien des Sauriers entdeckten!